石艸詩集

석초시집

초 판 1쇄 발행 1946년 5월 30일
제2판 1쇄 인쇄 2006년 10월 25일
제2판 1쇄 발행 2006년 10월 30일

지은이 신석초
펴낸이 정낙영
펴낸곳 (주)을유문화사

기획 권오상 | 편집 김명재 | 저작권 문혜정
마케팅 지은영 | 영업 허삼택, 강정우, 윤석진
관리 김기완, 김덕만 | 디자인 디자인 비따 | 인쇄 백왕인쇄 | 제본 정민문화사

창립 1945년 12월 1일 | 등록 1950년 11월 1일(1-292)
주소 서울특별시 종로구 수송동 46-1
전화 734-3515, 733-8153 | FAX 736-8968, 732-9154 | E-Mail eulyoo@chol.com
ISBN 89-324-7110-X 03810
값 9,000원

신석초 지음

石艸詩集

석초시집

을유문화사

위무위 사무사 미무미(爲無爲 事無事 味無味)＊― 노자

＊ (도를 파악한 이는) 함이 없음을 하며, 일삼음 없음을 일삼고, 맛없는 맛을 맛본다.(최재목 옮김, 『노자』)

이 시집은 내가 서기 1933년으로부터 38년까지에 쓴 것이다.
이래 나는 시를 쓰지 않았다.
지금 이 옛 시를 모아 친애하는 우호愚虎 조풍연趙豊衍 형에게 주노라.

병술丙戌 모춘暮春

일러두기

1. 표기법은 가급적 원전에 따랐으며 원문을 훼손하지 않는 범위 내에서 맞춤법, 띄어쓰기 등을 현행 국어 규범에 맞게 고쳤다.
2. 원문의 한자어는 한글로 바꾸고 해당 한자어는 병기하였으며, 원전의 의미와 감각을 살리는 데 필요한 구어나 방언의 일부는 그대로 수록하였다.
3. 독자의 작품 이해를 돕기 위해 일부 어려운 어휘에 대한 풀이를 각 작품 아래 덧붙여 놓았고, 필요에 따라 한자를 병기하였다.
4. 권말에는 1946년 6월 30일에 을유문화사에서 간행한 『석초시집』 초판본을 원문 그대로 재수록하였다.

차례

석초시집

1
비취단장翡翠斷章　13

2
촛불　19

규녀閨女　20

연꽃　21

밀도蜜桃를 준다　23

호접蝴蝶　24

돌팔매　25

춤추는 여신　26

멸하지 않는 것　29

무녀巫女의 춤　30

뱀　31

흐려진 달　33

3
가야금　37

가야금별장別章　38

검무낭劍舞娘　39

파초芭蕉 40

화장化粧 41

묘 42

궁시弓矢 43

사비수泗沘水 44

낙와落瓦의 부賦 45

바라춤 47

최후의 물결을 54

해설 | 신화적 회생과 우주적 합일 56

1

비취단장翡翠斷章
　　　　― 자기를 알라……

비취! 보석인 너! 노리개인 너!
아마도 네 영원히 잊지 않을
영화를 꿈꾸었으련만
내가 어지러운 오뇌懊惱를 안고
슬픈 이 적막 속을 거닐 제
저어 깊은 뜰을 비추는
달빛조차 흐리기도 하여라

푸른 기왓장 흩어진 내 옛 뜰에
무심한 모란꽃만 피어지고
비취! 너는 파멸에 굴러서
창백히 벗은 몸을 빛내며
희미한 때의 안개 속으로
사라지는 별살을 줍는다

아아 그윽한 잠 잔잔히
촛불 옆에 잠 못 이루고
여인의 희고 느린 목덜미
단장한 머리는 풀어져서
베개에 흐르는 달그림자
비정무위非情無爲한 꽃잎을 비춰라

비취! 내 전신轉身의 절 안에
산란한 시간의 발자취

다비茶毘의 낡은 흔적이 어릴 제
너는 매혹하는 손에 이끌리어
한없는 애무 속에도 오히려
불멸하는 순수한 빛을 던진다

나는 꿈꾸는 나신裸身을 안고
수많은 허무의 욕구를 사르면서
혼자서 헐린 뜰을 나리려 한다
저곳에 시든 난꽃 한 떨기!
또, 저곳엔 석계石階 위에 꿈결같이
떠오르는 영원한 처녀의 자태!

어쩔까나!?
비취! 나의 난심亂心을……
내가 이 폐원廢園에 거닐고 또
떠나는 내 마음의 넌출을
인간의 얼크러진 길로 알고서
고독한 청옥靑玉에 몸을 떨며
시금詩琴의 슬픈 노래를 부를까나!

비취! 오오 비취! 무구한
네 본래의 광요光耀야 부러워라
저어 심산深山 푸른 시냇가에
흩어지는 부엿한 구름 떠돌아서

창천蒼天은 흐득이는 여명˚의 거울을 거노나
아아 오뇌를 알은 나!
영겁˚을 찾는 나!
비밀한 유리 속에 떠서 흔들리는
나여! 너를 불러라!
빛과 흠절˚의 수풀 위에
보석이여! 나여! 정신이여!
멸하지 않는 네 밝음의 근원을 찾아라……

˚ 단장 : 한 체계로 묶지 아니하고 몇 줄씩의 산문체로 토막을 지어 적은 글
˚ 오뇌 : 뉘우쳐 한탄하고 번뇌함
˚ 전신 : 다른 곳으로 몸을 옮김. 주의나 생활 방침을 바꿈
˚ 다비 : 불에 태운다는 뜻으로, 시체를 화장하는 일을 이르는 말
˚ 석계 : 섬돌
˚ 난심 : 어지러운 마음
˚ 폐원 : 황폐한 정원
˚ 넌출 : 길게 뻗어나가 늘어진 식물의 줄기
˚ 무구한 : 때가 묻지 않고 깨끗한
˚ 광요 : 광채. 아름답고 찬란한 빛
˚ 여명 : 희미하게 날이 밝아오는 빛. 또는 그런 무렵
˚ 영겁 : 영원한 세월
˚ 흠절 : 부족하거나 잘못된 점

2

촛불

내 시녀 나의 촛불이
자기 어려운 밤 외로이
내 빈 방 안에
내 마음 곁에 타도다

오오, 내 곁에 타는 촛불아
네가 내 심사 알리야……
어이 휘황한 불꽃으로
그다지 저를 닮게 하는가

만약 네가 잠 못 이루는
나를 위해 구슬 같은
눈물을 가져온다 하더라도

그래도 쉽게 꺼지든 말아라
네가 타는 동안
내 가슴은 빛나 있었노라

규녀 閨女

네가 비밀한 장막 드리우고
꽃과 같은 규방閨房 속에서
내 여인이여! 너는 네 가슴에다
어떠한 허무의 심사를 그리는가

깊고 그윽하고 범할 수 없이
무구한 사원寺院 속으로 너는 지니리라
영원의 달 푸른 모이와
스란 속에 네 아리따운 열매를……

오오, 규녀! 감추인 옥석!
후원後園에 핀 난꽃 한 떨기여!
네 숨음은 탄하기 어려워라

네 몸은 익어 타는 듯하여도
네 혼은 깊은 뜰 속에 있어서
여명이 가져오는 숲들을 헤매게 하노나

규녀 : 남의 집 처녀를 이르는 말
규방 : 부녀자가 거처하는 방
스란 : 스란치마. 치맛단에 금박을 박아 선을 두른 치마

연꽃

내가 옛 동산을 거니다니
깊은 못 속에 푸른 이끼 끼어 어리고
붉은 연꽃은 피어나서
아나한˚ 숭어리˚를 들었세라

붉게 피어난 연꽃이여!
네가 갈 네안˚이 어디런가
저리 밝고 빛난 꽃섬들이
욕구하는 입술과도 같이
모두 진주의 포말˚로 젖어 있지 않은가

또 깊은 거울엔 고요가 깃들이고
고요에 잠든 엽주葉舟는 저마다
홍보석을 실어서 옛날 왕녀가 버린
황금 첩지˚를 생각게 하노나

오오 내 뉘야 오렴아 — 우리
님프˚가 숨은 이 뜰을 걸어서
연잎 위에 오래고 향기로운
아침의 이슬을 길으리

* 아나한 : 곱고 아리따운
* 숭어리 : 꽃이나 열매 따위가 굵게 모여 달린 덩어리
* 네안 : 열반. 모든 번뇌의 얽매임에서 벗어나고, 진리를 깨달아 불생불멸의 법을 체득한 경지
* 포말 : 물거품
* 첩지 : 예전에 부녀자들이 예장禮裝할 때에 머리 위를 꾸미던 장식품
* 님프 : 그리스 신화에 나오는 젊고 아름다운 여자 모습의 요정

밀도蜜桃를 준다
― P에게

익어 터지려는 이 밀도 열매!
오오랜 열망이 와서 어린
항아嫦娥의 담을 반에 놓아서
네 아담한 웃음에 주거니

그래도 제 몸 숨김일래
엷은 비단의 잔털로 싸서
유방의 붉은 은밀한 끝이
애써 지난날의 근심을 깨우려나

오오, 아나한 여인이여!
매혹으로서만 감춘 단 이슬로
반쯤 벌어져서 꽃잎과도 같은
네 입술을 물들게 하여라

있는 듯 마는 듯
이 과육菓肉의 이슬이 사라지는 동안
붉어서 굳은 황금 씨알이
네가 가진 영혼의 밀우를 꿈꾸게 하노나

* 밀도 : 꿀 복숭아
* 항아 : 달 속에 있다는 전설 속의 선녀
* 담 : 머리채를 뜻하는 듯
* 반 : 소반, 예반, 쟁반 따위를 통틀어 이르는 말
* 밀우 : 비밀한 만남

호접 蝴蝶

호접이여! 언제나
네가 꽃을 탐내어
붉어 탈 듯한
화원을 헤매느니

주검도 잊고
향기에 독주毒酒에 취하여
꽃잎 위에 네 넋의
정열이 끝나려 함이

붉으나 쉬이
시들어질 꽃잎의 헛됨을
네가 안다 하더라도

꿈결 같은 즐거움
사라질 이슬 위에
취함은 네 삶의 광휘일러라

* 호접 : 나비

돌팔매

바다에 끝없는
물결 위로
내 돌팔매질을 하다
허무에 쏘는 화살 셈치고서

돌알은 잠깐
물 연기를 일고
금빛으로 빛나다
그만 자취도 없이 사라지다

오오, 바다여!
내 화살을
어디다 감추어 버렸나?

바다에
끝없는 물결은
그냥 까마득할 뿐

춤추는 여신

달은 잠들고 그윽한
한숨 지는 밤 동산으로
꽃 같은 여신이 나려오도다

매혹하는 꽃 송아리!
꾸며 논 보석의 수풀 속에
꿈결같이 움직이는 나신이
바람에 흔들리는 물을 그리면서—

금강석에 묻힌 호수 위에
모호한 장미빛 안개 떠돌아서
(여신은 매력의 술을 마시고)

제 그림자에 명정酩酊하는
아리따운 새와도 같이
시름하는 여울˚로 비틀거리며
허공의 한끝을 헤매이도다

머리는 칠보七寶의 병을 기울여
공작孔雀이 어여쁜 연꽃 봉오리를 찍고

홍옥을 물린 고운 입술은
탄식하는 꽃잎의
달고도 괴로운 숨결을

어둠 속으로 남몰래 흩뜨려 놓도다

아아, 넋 끊는 젓대˚ 소리 들리고
청춘에 늘어진 기인 버들가지!
소백素白한 보드라운 팔은 서리어
대리석으로 깎은 허리에
애무하는 고운 기반羈絆˚을 끄르도다

이럴 때 시간은 내밀한
우주를 이루고
침묵은 다디단 권태의 술을 빚도다

어느덧 빛과 그림자 얼크러진
순수한 진주의 바다 떠올라서
범주帆舟˚는 푸른 물의 거울을 건너고

지상至上˚한 나래˚! 오오, 뜬 구름 쪽은
아득한 열배를 좇아가노라
붉은 꽃 가지 꺾어서 던진
허무의 섬을 찾아가노라

달은 잠들고 그윽한
한숨 지는 밤 동산으로
꽃과 같은 여신이 헤매이도다

꿈꾸는 듯한 이 사이
다디단 쾌락은 사라지고
포착하기 어려운 몸!
그는 비밀한 벽도碧桃를 따려
부엿한 여명의 하늘가로 나리도다……

- 명정 : 만취. 술에 잔뜩 취함
- 여울 : 강이나 바다의 바닥이 얕거나 폭이 좁아 물살이 세게 흐르는 곳
- 젓대 : 저. 가로로 불게 되어 있는 관악기를 통틀어 이르는 말
- 기반 : 굴레. 굴레를 씌우듯이 자유를 속박하는 것
- 범주 : 돛단배
- 지상 : 가장 높은 위
- 나래 : '날개'의 방언
- 벽도 : 선경仙境에 있다는 전설상의 복숭아

멸하지 않는 것

황홀하게도 은밀하게도
내 가슴에 정열이 타고 남은
적막한 잿무덤 위에
예지叡智와 수많은 그림자로써
꾸며진 이 회색의 무덤 위에
피닉스! 오오, 너는 되살아서
불과 같은 나래를 펴고
죽은 줄만 여긴 네 부리에
매혹의 힘은 다시 살아나서
나를 물고 나를 쪼고
연애보다도 오히려 단
오뇌로 나를 또 이끌어 가노나

예지 : 사물의 이치를 꿰뚫어보는 지혜롭고 밝은 마음
피닉스 : 불사조. 영원히 죽지 않는다는 전설의 새

무녀巫女의 춤

공작 깃
벙거지 제껴 쓰고
무녀야 미칠 듯
너는 춤을 추다

꽃장선扇에 가린
입술은 신神을 부르는데
웃고 돌아지는
보석 같은 그 눈매

오오 무녀야 춤을 추어라
허튼 옷은 벗어라
신 없는 나라로 가자

신은 없어도
네 몸은 빛나리
내 맘도 빛나리

뱀

오오! 붉은 양귀비꽃 옆에
마성魔性의 한 덩어리여!
네 누운 매무새
느물임은 곁할 수가 없어라

애매한 가지!
침의寢衣˚로 두른 질탕한˚ 허리!
푸른 띠 흐르는
요염한 꾀 많은 꿈틀이!

미궁˚으로 얽는
꿈의 또아리˚ 속에서
넋은 불타는
위태한 탄력을 싸다

몸은 구슬픈
구렁이의 탈
거짓하는 그물의
심연으로 꿈은 꺼지려든

몸은 슬픈데
넋은 어지러이
빛난 넌출을 감아서
지혜 놀음하는 저자˚로 비틀거리다……

- **침의**: 자리옷
- **질탕한**: 신이 나서 정도가 지나치도록 흥겹게 노는
- **미궁**: 들어가면 나올 길을 쉽게 찾을 수 없게 되어 있는 곳
- **또아리**: '똬리'의 잘못
- **저자**: '시장市場'을 예스럽게 이르는 말

흐려진 달

하룻밤 내가 달을 쫓아서
이름도 모를 머언 바닷가
모래 위에다 장미꽃으로
비밀의 성을 쌓고 있더니

밤이 깊도록 내가 모래성에서
다디단 술에 취하여 있을 때
문득 구름이 몰려와서
내 달을 흐리다

아아 내 꿈이 덧없음이런가
바다의 신이 나를 시기하였음이런가
심연으로 달은 빠지다

달이여 너는 어디로 갔는가
나는 헤매다 나는 보다
물결쳐 움직이는 바다의 그 사나운 양을……

3

가야금

밤은 깊다 가야금을 타거라
옛 동산에 푸른 달은 잠들고
기녀妓女야 어지런 시름에 잠겨
네 눈물로 진주의 샘을 적셔라

가야금을 타거라 옛 동산도
시름도 푸여진* 장미꽃도
이 밤과 함께 흘러가는데
너, 구슬픈 백구白鷗*의 노래를 불러라

아아, 덧없어라 시름은!
맘 없는 당두리*에 웃음을 싣고
머나먼 나라로 가고 말거나

굽이굽이 한숨 지는 꽃잎 뜬
여울 위로 배 떠나가라 들어라
내 맘의 줄 흐득여 우는 소리를!

* 푸여진 : '피었다 지는'을 시적으로 표현한 듯함
* 백구 : 갈매기
* 당두리 : '당도리'의 잘못. 바다로 다니는 큰 목조선

가야금별장別章*
향가체鄕歌體*를 본떠서

열치매* 밝은 달 흰 구름을
좇아 떠가는 어디런가
가야금줄 울어 흐느끼어
내 사념의 잎도 져서 흘러가거라

그 옛 푸른 강에 뜬 난주蘭舟를
타고 그리던 무리들의 짓
사라져서 눈길 멀 사이에
떠도는 갈매기의 노래를 불러라

아야*, 헛되어라 생각은 여울
몰나올 때가 나를 지지르는저*……

* 별장 : 이별의 정을 나타낸 시문詩文
* 향가체 : 향가는 향찰鄕札로 기록한 신라 때의 노래로, 민요적, 불교적인 내용의 문체
* 열치매 : 힘차게 열자
* 아야 : 阿也
* 지지르는저 : 기운이나 의견 따위를 꺾어 누르도다

검무낭 劍舞娘

꽃 송아리 달아
전립* 검은 머리 위에
비뚜름히 숙여뜨리고

늘어진 버들가지
긴 치마 쾌자* 곁들여 입고
은장도 두 손에 갈라 들고

건드러지게 돌아가는
몸매 꿈결에 흔들려서
쾌자 반쯤 흩날리고

자알잘 흔드는 장도
공연히 죽을 줄도 모르는
매력의 잎만 떠돌게 하노나

* 전립 : 무관이나 사대부가 쓰던 모자
* 쾌자 : 소매가 없고 등솔기가 허리까지 트인 옛 전투복. 근래에는 복건과 함께 명절이나 돌에 어린아이가 입는다.

파초芭蕉
육사陸史에게

황혼의 쇠잔한 노을이
소리 없이 뜰 위에 나리고
파초가 드린 기인 소매 나부껴
잠깐 옛날의 근심을 돋우노나

속절없이 저무는 이 사이
방황하는 바람은 불어와서
황금빛 나는 네 가지에다
한숨 모여 비단의 띠를 흘려라

한숨쉬는 묵은 파초 잎이여!
너는 아는가 — 현세와 내
머언 인연이 짓는 어지러운 심사를

파멸하고 또 존재하는 것……
나는 있다 — 이 고적한 것의 옆에
오오 퍼덕이는 옛날의 명정이여

파초 : 파초과의 여러해살이 풀
육사 : 시인 이원록의 호(1904~44). 시집 『육사시집』이 있음

화장化粧
다만 불멸하는 소리 있을 뿐―발레리

날마다 날마다
고적한 거울을 대하여
내 모양 꾸미는
내 심사를 그대는 알아요?

내가 내 꾸밈으로써
구태여 그대의 욕구를
끌려 함은 아니언만

그래도 난 내 모양 꾸미는
그 일에만 팔려서 날마다
거울을 대하지 않을 수 없는 것을……

* 발레리 : 프랑스의 시인·사상가·평론가(1871~1945)

묘

무덤이여 무덤이여
묵은 대리석의 밑에
네 자는가 누웠는가
너의 미美 너의 자랑 너의 특이한
혼은 어디 있는가
네가 산 꿈결 같은 세월
너는 바랐으리라
밝은 누리와 멸하지 않는
영원의 가지와를……
그러나 내 너를 찾아서
지금 내 가슴에 안은 것은
한 덩이의 차디찬 돌일 뿐
오오 무덤이여

궁시弓矢

반달 같은 활시위를
당겨 한번 힘껏 쏘면
휘영찬 하늘에 가없이
뵈지 않는 파동이 이느니

오오 활이여 네 나는
황금의 아리따운 살로써
내가 가진 사념의
묘망渺茫한 구름을 쏘게 하여라

화살이 가서 찌르는
그 과녁을 남은 몰라라
아무도 그 비밀한 곳은 몰라라

그래도 바람이 가는 이 사이
빠르고 빛난 움직임이
잠들기 쉬운 내 몸을 깨워도 있으리

* 궁시 : 활과 화살을 아울러 이르는 말
* 묘망한 : 넓고 멀어서 바라보기에 아득한

사비수 泗沘水

붉은 바위가 흩날리는
단풍은 잎잎이 맺힌
옛날 궁녀들의 넋이런가

강 위에 떠 배 띄워
가노라 자취도 흔적도
없는 이 물아

감도는 늪 속에 사라진
스란 폭들 그 천千 모습이
어찌타 지금 잎만 지는다

피어도 흰 구름장
바라도 머언 모래펄
아아 굽이 강물은 그질 길이 없어라

- 사비수: '백마강'의 삼국시대 이름
- 그질: 그지없는, 한이 없는

낙와落瓦의 부賦*

가을 황혼에
쓸쓸한 폐허를 걸어서
나는 혼자 헤매이도다
―무한히 열린 창공에 물들어서

슬픈 국화 빛
태양 아래 (나는 천상의 술을 마시고)
꽃잎과도 같이 흩어져
구르는 푸른 파편들을 밟고 가도다

서녘 바람은 마른
나뭇가지에 깃들이는
작은 새들을 고독히 하고

어느덧 달은 이슬에 젖어서
내 발 밑에 비명하는
깨진 보석을 비추도다

오오 눈앞에 흩어진
낙엽들이여 영화의 무덤 위에
불가항력의 조각들이여

멸망하기 쉬운
시간은 물과 같이 흐르고

어디선 누가 단장斷腸*하는 피리를 불도다

* 부 : 사물이나 그에 대한 감상을, 비유를 쓰지 않고 직접 서술하는 작법
* 단장 : 몹시 슬퍼서 창자가 끊어지는 듯함

바라춤
환락은 모두 아침이슬과도 같이 덧없어라 — 실달다*

* 실달다 : 석가가 출가하기 전, 태자 때의 이름

― 여천黎泉*에게 주노라

* 여천 : 이육사의 동생 이원조의 호

서장 序章

묻히리랏다 청산에 묻히리랏다
청산이야 변할 리 없어라
내 몸 언제나 꺾이지 않을
무구한 꽃이언마는
깊은 절 속에 덧없이 시들어지느니
생각하면 갈가리 찢어지는
내 마음 설워 어찌하리라

묻히리랏다 청산에 묻히리랏다
청산이야 변할 리 없어라
나는 혼자이로라— 찔레 얽어진
숲 사이로 표범이 불러 에우고
재올리* 바랏소리 빈 산을 울려
쨍쨍 우는 산울림과 밤이면 달 피해 우는
두견이 없으면 나는 혼자이로라

숨으리 잠긴 뜰 안에 숨으리랏다
숨어 보살이 아니 시이련만
공산나월 空山蘿月*은 알았으리라
필 데도 필 데도 없이

나는 우노라 혼자서 우노라
밤들어 푸른 장막 뒤의
우상偶像은 아으 멋없는 장승일러라

감으면 꿈결 같은 마아야"는 떠올라라
아득한 연화대蓮花臺"에 꿈꾸는
장부의 두루미 목을 난 그리노라
홀목"도 흰 백합으로 어리어
날 안아라 난 안겨라 끈이여
빈 전당 안에 헛되이
서늘한 금상金像을 안아라

아아 적막한 누리 속에
내 홀로 여는 맘을 어찌하리라
밤으란" 달 빠진 시냇물에
벗어 흰 내 몸을 씻어라
도화桃花 떠 눈부신 거울 속에
신神도 와서 어릴 거꾸러진
유혹의 진주를 남아 보리라

아아 과일 같은 내 몸의
넘치는 이 욕구를 어찌하리라
익어 두렷한 꽃잎의

심연 속에 다디단 이슬은 떠돌아서
환장할 누릴 꿈을 나는 꾸노나
가사˚ 벗어 메고 가사 벗어 메고
맨몸에 바라를 치며 춤을 추리라

몸아 맨몸아 푸른 내 몸아
가노라 마魔의 수풀을 가노라
젊음은 덧없는 질김을 좇아서
포학한 가싯길을 가노라
탐하는 장미의 넌출 위에
뻗은 강줄을 뉘라 그지리요
어느 뉘라 그지리요

불타는 바다 위에 불타는 바다 위에
난 던져진 쪽달일러라
황금으로 맨 시위를 당겨
쏘면 나러도엘˚ 화살일러라
풀러˚ 뱀의 꿈틀이는
짓으로 비밀의 굴레를 벗고
빈들에 핀 꽃가지 꺾어라

아스리˚ 나는 미쳤어라
나는 짐승이 되었어라

나는 마아라"의 짐승이 되었어라
내 혼과 몸의 씨앗을 쪼개일
빛난 장검을 난 잃었는가
숙명宿命의 우리 안에 날 지닐
오롯한 자랑을 나는 잃었는가

묻히리랏다 청산에 묻히리랏다
청산이야 변할 리 없어라
나는 절로 질 꽃이어라
지새어 듣는 머언 북소리
이제야 난 굳세게 살리라
날 이끌 흰 백합의 손도 바람도
아무것도 내 몸을 꺾을 리 없어라……

- 재올리 : 재를 올리는, 명복을 비는
- 공산나월 : 사람이 없는 산중에, 담쟁이덩굴 사이로 바라보이는 달
- 마아야 : 범어梵語. 환영幻影.
- 연화대 : 예전에, 나라의 잔치 때에 추던 춤의 하나
- 홀목 : '손목'의 방언
- 밤으란 : 밤이면
- 가사 : 중이 장삼 위에, 왼쪽 어깨에서 오른쪽 겨드랑이 밑으로 걸쳐 입는 법의法衣
- 나러도엘 : 날아도 갈
- 풀러 : 따리를 풀어
- 아스리 : 아서라
- 마아라 : 범어. 마왕. 마아라는 그 딸로 하여금 무용을 시켜 실달다를 유혹하려 한 일이 있다

최후의 물결을

바다는 어지러운 시름에 깨어져
물결 치고 배는 침몰되고
어슴푸레한 하늘 저편 쪽으로
불꽃은 떨어지려는도다

미친 겨울의 계절이
무덤에서 사나운 바람을 불어오고
차디찬 장미의 모개˚는 시들어서
눈앞에 바다는 얼고 마르려는도다

수많은 아리따운 물굽이
섬과 섬 산호의 더미
암초들— 모두 헐벗어서
차마 못 볼 처참한 풍경을 나타내는도다

그러나 나는 오히려 바란다
오오 동방東方이여!
구원久遠한˚ 너! 천고千古의 네가
그만 이대로 멸할 수가 있을까?

우리들 가진 우아와 힘!
오오 바다여! 너!
최후의 물결을 쳐 일으키라
이 밤 지나 여명의 빛이 올 때까지……

* 모개 : 죄다 한데 묶은 수효
* 구원한 : 아득하고 멀고 오래된

해설

신화적 회생과 우주적 합일

조용훈*

1. 고통의 삶, 고전미 추구와 신화적 세계

석초의 첫 작품은 『신조선』에 석초(石初)라는 필명[1]으로 발표한 「비취단장」(1935. 6)이다.[2] 당시 그의 유일한 즐거움은 위당 정인보 선생을 알현하는 것이었는데, 이때 위당의 고가에서 평생지기인 육사와 처음 만났다. 이후 두 사람은 잡지 『신

---

1) 그는 '석초(石初)'라는 필명으로 1935년 「비취단장」, 「밀도를 준다」를 발표한다. 이후 그는 필명을 '석초(石艸)'로 변경하여 1937년 「호접」을 발표했다. '石初'에서 '石艸'로 개명한 구체적인 이유는 알 수 없다. 더구나 처음 사용한 필명이 왜 '石初'인지도 명확하지 않다. 그는 훗날 자신이 '石艸'라는 필명을 사용한 이유를 두 가지로 밝힌 바 있다, 첫째 형식미이다. 본명 신응식(申應植)의 글자는 획수가 많아 쓰기가 불편할 뿐만 아니라 시각적 미감이 떨어진다는 것이다. 그가 '초'를 '草'가 아니라 고자(古字)인 '艸'를 고집한 이유도 '草'가 싱겁고 자신이 의도하는 의미를 시적으로 드러내지 못한다고 판단했기 때문이다. 둘째, 언어가 내포하는 의미이다. '石艸'는 선조인 '석북(石北)' 신광수(申光洙)의 호에서 '石'을, 그리고 석북 선생의 뜻을 좇겠다는 의미에서 '艸'를 사용한 것이다. 형식적인 측면과 글자가 내포하는 의미를 동시에 중시한 것이다. 더구나 '石'과 '艸'는 어디서나 볼 수 있는 자연생명이니 더욱 애착이 갈 수밖에 없다고 하였다.

조선』의 편집을 담당하면서 문인활동을 본격화했다.[3] 특히 위당과 육사는 석초의 시적 출발과 방향에 큰 영향을 미치게 된다. 이 무렵 한국의 상황은, 1931년 만주사변을 계기로 더욱 악화되고 있었다. 일제는 1930년대에 진입하자마자 신간회와 카프를 해산시켰고, 일본어 사용을 강제하여 한국인의 자기상실을 강요했다. 1935년 카프의 공식적 해체는 문단을 동요시켰다.

석초는 암울하고 참담한 당시의 현실을 무덤에 비유했다. "무덤이여 무덤이여/묵은 대리석의 밑에/네 자는가 누웠는가/너의 미 너의 자랑 너의 특이한/혼은 어디 있는가/네가 산 꿈결 같은 세월/너는 바랐으리라/밝은 누리와 멸하지 않는/

---

[2] 1946년 발간된 첫 시집 『석초시집』(을유문화사)의 모두에, "이 시집은 내가 서기 1933년으로부터 38년까지에 쓴 것이다"라고 쓴 것을 참고할 때, 공식적 발표 이전에 습작기가 있었고 완성도가 높았다는 것을 확인할 수 있다. 참고로 『석초시집』이전에 발표된 작품들은 첫 발표 그대로 인용하려고 노력했다. 『석초시집』과 비교하면 흥미로울 것이다.

[3] 석초(石艸) 신응식(申應植, 1909. 6. 4~1975. 3. 8)은 1930년대 초 카프 맹원으로서 문단활동을 시작한 이래, 『석초시집』(을유문화사, 1946), 『바라춤』(통문관, 1959), 『폭풍의 노래』(한국시인협회, 1970), 『수유동운(水踰洞韻)』(조광출판사, 1974), 『처용은 말한다』(조광출판사, 1974) 등 5권의 시집을 간행했다. 이 외에도 사후에 발표할 예정이었던 『비가집』의 시편들(그러나 이미 많은 양이 생전에 발표된 바 있다)이 존재한다. 사후에 『신석초문학전집』을 간행(1985)했는데, 시는 제1권에, 제2권에는 한국일보 논설위원 겸 문화부장으로 재직할 때 발표했던 단상들과 틈틈이 모은 간략한 시론들, 프랑스 시인 발레리에 관한 에세이를 수록했다. 일견해도 일제 식민치하로부터 1970년대까지 왕성한 활동을 전개한 시인이라는 것을 확인할 수 있다.

1933년 도쿄 유학 시절의 신석초   일본 유학 시절의 3남매. 서 있는 사람이 계씨 신하식, 오른쪽은 누이동생

영원의 가지와를……/그러나 내 너를 찾아서/지금 내 가슴에 안은 것은/한 덩이의 차디찬 돌일 뿐"(「묘」) 하고 자탄했다. 참혹한 식민치하에서, "아아, 덧없어라 시름은!/맘 없는 당두리에 웃음을 싣고/머나먼 나라로 가고 말거나"(「가야금」) 하고 현실도피적인 경향을 나타내기까지 했다.

　식민지 현실은 감당할 수 없을 만큼 잔혹하다. 석초는 현실을 정면돌파하기보다 영화로운 과거를 반추하며 민족적 자부심을 고취하는 소극적 저항을 선택했다. 황혼에 물든 경주의 가을, 깨어진 기와에서 부서진 천년의 영화를 통절하게 노래한

「낙와의 부」,「서라벌」,「신라고도부」, 그리고 가야금의 선율로 절망적 상황을 치유(「가야금」)하며 비애와 울분을 토로했다.

석초는 조선의 얼을 강조하며 일제의 침략을 내적으로 응전한 위당에게서 깊은 감명을 받고 초기부터 고전적 색채를 표방하기 시작했다. 그가 왜 한국적 전통에 그토록 민감하게 반응했고, '신라'와 '처용', 그리고 '고풍(古風)'에 관심을 기울이게 됐는지 이해가 간다. 그러나 이런 노력들은, 그것이 대외적 저항으로 발현되지 않을 때 '내면화'된다. 이는 민족주의 성향이 강하면서도 저항정신에 기반한 육사의 시가 회고조에 머물지 않고 강한 설득력을 얻을 수 있었던 것과 비교된다 하겠다. 아무튼 대부분의 시인들은 과거의 영화를 반추하거나 생의 의미를 집요하게 탐구하는 양상을 나타냈고, 석초의 초기시 역시 생의 본능과 좌절, 원시적 생명의 추구 등이 혼효되면서 관능적, 감각적인 색채를 표방했다.

특히 그는, '매혹하는 꽃 송아리', '홍옥을 물린 고운 입술'(「춤추는 여신」), '유방의 붉은 은밀한 끝'(「밀도를 준다」), '침의로 두른 질탕한 허리'(「뱀」) 등으로 여성을 묘사하여 관능성을 부각시켰는데, 이는 여성이 생명의 원초성을 가장 잘 담보하고 있기 때문이다. 이런 까닭에 그의 시가 생명파와 성격을 같이한다는 평을 받곤 한다. 이는 어느 정도 타당하다. 『시인부락』에 작품을 발표하며 인간생명의 구경을 탐구한 함형수,

유치환, 김동리, 오장환 등의 작품세계와 유사하기 때문이다. 다만 석초는, 생명의 탐구나 육체적 본능이 안고 있는 갈등의 구경(究竟)에서 생의 본질을 찾는 생명파와 달리, 불변하는 정신적인 가치를 추구함으로써 인간적 한계를 극복하려고 노력했다는 점에서 차이가 있다.

요컨대 석초는, "깊고 그윽하고 범할 수 없이/무구한 사원 속으로 너는 지니리라/(중략)/네 몸은 익어 타는 듯하여도/네 혼은 깊은 뜰 속에 있어서/여명이 가져오는 숲들을 헤매게 하노나"(「규녀」), "붉게 피어난 연꽃이여!/네가 갈 네안(열반)이 어디런가/저리 밝고 빛난 꽃섬들이/욕구하는 입술과도 같이/모두 진주의 포말로 젖어 있지 않은가"(「연꽃」)의 '사원', '연꽃', '열반' 등에서 확인하듯 종교적인 상상력에 귀의하며 육체적 번민과 생의 한계를 극복하려고 했다. 이러한 면모가 그의 초기시를 특징짓는 개성이라고 할 수 있다.

이 밖에도 「비취단장」[4]에서처럼 불멸하는 보석인 '비취', 즉 정신적인 가치를 동경하며 생의 허무를 극복하고자 했다. 이런 초극의 의지는 밤으로부터 새벽으로 시간의 추이를 통해 긍정적으로 전환한다. 불은 어둠을 몰아내고 아침을 견인하는

---

4) 「비취단장」은 1935년 『신조선』에 발표된 것을 텍스트로 삼아야겠지만 1940년 『문장』의 것을 텍스트로 삼았다. 그것은 첫번째 발표작의 미비점을 약간 새롭게 다듬었으며 이후 『바라춤』에까지 거의 동일하게 이어지기 때문이다.

원동력이다. 『석초시집』 출간 이후 발표한 「여명―사슬 푼 프로메테우스 단편」(1948)은 역동적인 불의 이미지가 잘 드러난 작품이다. 타오르는 불의 '강렬한 상승'은 희망의 표상 아닌가. 불은 모든 더러움을 태우고 비상하려는 경향이 있다.

석초의 대표작이며 초기시를 대표하는 장시 「바라춤」에서 그 희망을 이미 예견한 바 있다. 서구의 신화를 소재로 한 「여명」이 상승하는 불꽃으로 세상을 밝히는 수직적 상상력에 기초한다면, 동양의 신화소(神話素)를 채택한 「바라춤」은 공간적 확산을 보인다는 점에서 차이가 있다.

「바라춤」은 1941년 『문장』을 통해 처음 발표된 것을 이후 보완 확장한 것이다.[5] 이 시의 주제는 해방 이후 크게 변모된 것은 아니다. 1941년 발표작은 시의 '서사'이고 이후에 이를 확장·보강하여 시상을 좀더 구체화한 것이다. 「바라춤」은 여성 화자가 청산에 올라 밤새 산사에 머물고 다락방에서 의식의 입사식을 거친 후 속세로 재편입되는 이야기를 담고 있다. 「바라춤」의 다락방은 『삼국유사』의 「단군신화」에 등장하는 동굴 모티프와 동일선상에 있는데, 이 모티프는 한국문학사를 관통하여 지속되는 신화소라 하겠다. 단군신화의 경우 재생은 웅녀

---

5) 「바라춤」은 1941년 4월 『문장』에 '서장'이 처음 발표된 뒤 『석초시집』에 실리고 1955년 12월 『현대문학』을 통해 다시 개작, 발표된다. 이후 1959년 1월 『현대문학』에 속편을 게재했다. 동지(同誌) 3월, 5월, 6월, 8월 계속되는 연재 끝에 비로소 완성되었다. 시집 『바라춤』에 수록된다.

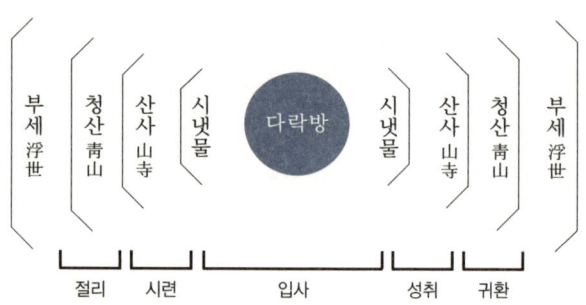

의 입굴에 있다. 캄캄한 굴속에 자진해서 들어가는 것은 죽음을 적극적으로 수용하는 것이다. 재생을 위한 죽음의 수용이다. 동굴은 거짓된 것을 죽이는 동시에 재생을 달성하는 역설적인 공간, 즉 입사식이 치러지는 공간이다. 이는 캠벨이 일찍이 '단원신화(monomyth)'('절리-시련-입사-성취-귀환')라 한 바 있는 통과제의 신화와 맥락을 같이하고 있어서 흥미롭다.

 살펴본 석초의 초기시는 『석초시집』에서 잘 나타날 뿐만 아니라 장차 전개될 시의 수원(水源)으로 작용한다는 점에서 큰 의의를 찾을 수 있다. 고전미 추구는 물론 신화적 사고와 종교적 상상력의 원형이 이 시집의 기초를 이루고 있기 때문이다.

2. 비밀한 사랑, 「비가집(秘歌集)」

중기에 오면 초기시에서 난무했던 추상적인 관념어나, 생소한 어휘들이 많이 자취를 감춘다. 시행 역시 간결해지고 언어의 조탁과 절제에 진력한다. 시의 소재도 일상적 체험에서 많이 취했다. 이런 경향은 1960년대 초부터 생활이 안정되면서 증대한다. 이때 그는 한국일보 논설위원 겸 문화부장, 서라벌여대 강사, 『현대문학』 추천위원 등 다양한 문화적 활동에 종사했다. 자녀들이 속속 결혼하여 독립된 가정을 이루고 손자손녀를 얻고 일상에서 충일한 삶을 영위하던 사회적 안정기였다.

이 시기는 이전에 비해 활기차고 진취적인 태도를 표출하기 시작했다. 특히 이는 사랑시편에서 더욱 부각된다. 그는 사후에 발표할 의향으로 『비가집』 시편들을 30여 편 창작했는데, 이는 젊은 여성과의 사랑을 아름답게 노래한 작품들이어서 독특하다. 당시 그가 느꼈을 생의 희

『한국일보』에 입사할 당시의 신석초

열과 기쁨이 시 전체에 진동한다. 특히 이렇게 맑고 순정한 정서를 노래한 작품들이 1961년에서 1963년에 집중되고 있어서 흥미롭다. 평소의 작품의 양에 비교할 때 다작은 특기할 만하다. 더구나 그것이 어느 젊은 여성과의 사랑을 소재로 한 것이어서 호기심을 자극한다. "물귀신, 물의 요정이어,/너의 몸에선 말라르메의 시의/냄새가 난다/복숭아꽃 물 위에/너는 하얗게 벗은 알몸이어라"는 표현도 낯설지만,

> 가 붙들어 안으면 앙탈하리
> 안아서 저 갈밭으로 가리로다
> 탐난 한 오후의 목동처럼
> 감미로운 바람은 꿈꾸듯 흐느끼며
> 너는 나의 품 안에서 꽃가지로 늘어진다
> ―「둔주곡」

등에서 강한 욕정마저 감지한다. 이처럼 그는 여성과의 탐미적 사랑을 주제로 작품을 비밀스럽게 창작하고 있었다. 이를 사후에 공개하려고 결심했으나 1974년 조금씩 발표했다. 이때 그는 죽음을 예감했는지 자비로 간행한 마지막 시집 『수유동운』 서문에서 "「매혹」, 「둔주곡(遁走曲)」 등은 어느 우연사 혹은 예기치 않고 경험한 감각의 단편의 소산이다. 이 작품들은 내가 스스로 『비가집』이라 이름한 것의 일부로 처음에는 발표할

1968년 이육사 시비 제막식 모임에서의 신석초(앞줄 왼쪽에서 두 번째)

생각을 가지고 있지 않았던 것이다"라고 고백하며 12편을 수록했다.

젊은 여성과의 예기치 못한 사랑은 맑고 밝은 시들을 다작케 하는 원동력이었으나, "그대는 너무나 아름답고/ 나는 나이를 먹었고나"(「그대는 나를 위해」)에서 확인하듯이 오히려 늙어가는 자신을 쓸쓸하게 되돌아보게 했다. 달콤하고 애틋한 사랑의 감정을 노래한 것은 사실이지만 갈등 역시 증폭됐다. "욕구불만으로 외치는/ 현대의 네거리에서/ 우리는 잘못 태어난/ 레디와 젠틀맨이다"(「정글」), "인습이여. 인습이여/ 완고하고도 강인한 매듭으로/ 얽매인 제물의 오랏줄이여//(중략)//내가 벗어나지 못함이여"(「인습」) 등은 그 좋은 예이다. 사랑은 이별

문인들과 함께한 신석초(가운데. 왼쪽에서 두 번째가 김동리, 네 번째가 박목월, 다섯 번째가 이가원)

을 예비하고 있었고 외로움을 앞에 두고 그는 심리적 공황에 직면했다.

이처럼 외롭고 고적한 심사는 가을을 대상으로 하는 많은 시편들에서 추락하는 낙엽으로 형상화됐다. "다시 광릉에 오니/단풍은 바람 함께 지네/상강에 쌓인 가랑잎 밟으며"(「광릉」) 등에서 잘 확인한다. 열정은 물처럼 빠져나갔고 이후 찾아온 허탈감은 꺼져가는 불꽃처럼 시나브로 여위어갔다. 불꽃은 '지는 꽃잎'이나 조락하는 '이파리'는 '꺼지는 불', 즉 열정의 소화(消火)를 내포하는 것이어서 절망적인 상황을 더욱 부각시킨다.

당시의 대부분의 작품에서 이러한 성향을 발견할 수 있다.

    그러나 그는 「처용은 말한다」[6]에서 다시금 삶을 재충전한다. 이 시는 신적인 처용을 나약한 인간 처용으로 변모시킨 작품이다. 용왕의 아들인 처용이 고귀한 신분이라는 것은 익히 잘 알려져 있다. 천상적 인물답게 아내의 부정을 너그러이 용서할 수 있었다. 그러나 석초는, 역신이 아내를 범할 때에도 어쩔 수 없이 비통해하고 슬퍼하는 나약한 인간으로 변모시켜 인간적 고뇌와 갈등에 초점을 맞추었다. 인간 처용의 회한을 듣는 것은 참으로 묘하다. 그는 신적인 인물을 일상적인 인물로 재정의함으로써 한 인간이 지닌 걱정, 회한과 영탄 그리고 갈등의 모순심리를 부각시켰다.

    그러나 그는 시의 끝에서 반전을 시도한다. 처용을 향해,

---

6) 「처용은 말한다」는 『현대문학』(1958. 6)에 처음 발표되었다. 이후 「미녀에게」가 1960년 『사상계』에 발표되는데, 이 시의 부제는 「처용은 말한다」의 일장'인 것으로 미루어 「처용은 말한다」와의 연계를 도모한 것이었다. '처용 모티프'는 이후 1964년 『현대문학』에 다시 대폭 개작되어 장시 「처용은 말한다」로 종합된다. 그런데 1958년 작품은, "깨어진 서라벌! 변형한 서라벌!/ 오오, 멸하여 간 내 옛 나라의/서울이여!/깊은 세월의 수풀 속에 잠든/숱한 보석의 무덤들이여!/흩어져 우나니"에서 확인하듯이 '처용'이란 소재를 통해 신라의 영화와 그것의 상실을 노래했다는 점에서 초기시의 「신라고도부」와 같은 경향임을 알 수 있다. 즉 초기시의 세계와 동일한 맥락이라는 것이다. 그런데 「미녀에게」와 1964년 발표된 「처용은 말한다」는 처용이란 인물의 번뇌와 갈등에 초점을 맞춘 작품이어서 초기시와 명백한 차이가 있다. 하지만 「미녀에게」는 부제에서 확인하는 것처럼 완성된 작품이라기보다 일장에 국한되므로, 여기선 작품의 완성도를 고려하여 1964년 발표된 「처용은 말한다」를 검토했다.

"너는 너로 돌아가야 하리/네 자신의 위치로 태양처럼/고독한 너의 장소로/지혜의 뜰, 표범 가죽이 드날리는/그 속으로" 돌아가자고 외친다. 마침내 끝연에서 도래할 희망을 감격적으로 노래한다. 동이 트는 새벽, 황금빛으로 불타는 태양의 날갯짓은 장엄하다. 우리는 이 시에서 한 가지 흥미로운 현상을 발견한다. '처용'을 소재로 했으면서도 마지막 부분은 앞에서 살핀 「여명」의 '프로메테우스' 모티프와 배경과 시어는 물론 어조마저 유사하기 때문이다. 처용은 프로메테우스와 놀랍게도 일치한다. 그가 서구적 발상법을 한국적 상황에 맞게 주체적으로 형질변경했다는 평가는 여기서 비롯된다.

3. '꽃섬'과 우주적 합일

후기시는 공동체적 관심과 연대가 주제를 결정하는 데 큰 영향을 미친다. 세계 속의 한국적 위상을 천착(「세계의 어느 곳에서나」)하기도 하고, 민족내부의 모순을 제기하려는 방향으로 전개되었다. 분명 인식의 변화와 확장을 확인할 수 있었다. 그러나 현실의 모순을 해결할 수 있는 실천방안을 모색하지 못할 때 그는 또 한번 좌절한다. 불안정한 현재, 그리고 불투명한 미래는 그 어떤 희망도 조롱한다. 현실은 늘 고통스럽다. 삶이

노년의 신석초

란, "한평생 시를 하는 마음은/한갓 부질없고 사치스러운/병이런 듯//연상(硯床)머리에 흩으러진/종이와 글발/한 다발 허무한 꽃묶음"(「새벽에 앉아」)에 불과하다. 그리고 죽음은 조용히 다가와 그를 방문한다. 죽음은 코앞에 닥친 현실이다. 죽음의 공포로 초조하고 불안해 하기보다 그것을 겸허하게 수용하는 것이 오히려 죽음의 공포를 극복하는 것이다. 비록 삶이 나를 속일지라도 환한 목숨으로 지는 꽃이고 싶었다. 그가 이처럼 죽음 앞에서 의연한 것은 '꽃섬'이라는 이상적 공간을 상정했기 때문이다.

바다는 삶과 죽음이 공존하는 신화적 공간이다. 번잡한 세사의 얽매임에서 탈피하여 바다에서 '얽매임 없는 금빛 모래성'을 완성해야 한다. 현상적인 어떤 것으로부터 구애를 받지 않는 자유로운 육신과 정신의 상태가 보장되는 곳이 바다이다. 그리고 허무는 마침내 관념적 공간인 '꽃섬'으로 향할 수밖에

건지산 자락에 건립된 신석초 시비. 「꽃잎 절구」가 새겨져 있다.

없게 한다. 그가 초기시에서 절망적인 '이곳'을 탈피하여 희망의 공간인 '저곳'을 지향하고 끝내 도달하기를 갈망했던 것처럼, 원망의 공간 '저곳'은 현실의 고통을 치유하기 위해 설정한 상징적 공간이고 마침내 그것은 '꽃섬'으로 집약된다.

그가 상정한 이상적 공간인 '꽃섬'은 도달할 수 없는 유년의 자궁이며 시간과 공간을 초월한 절대적 유토피아다. 아니 시간도 정지된, 따라서 "역사도 사나운 토론을 그"치고, 시간도 정지된 "그윽하고 은밀한 장소"(「샘(泉)가에서」)이다. 고난으로 가득 찬 현실과 맞서기보다 차라리 이상적인 공간인 '꽃섬'을 설정하여 안착하기를 염원했다. 그러나 그것은 막연한 도피라고 재단할 수 없다. 그것은 죽음마저 초월한 육신과 정신의 귀의처이기 때문이다.

따라서 '꽃섬'은 불교적 해탈의 염원을 담고 있는 이상향으로 이해된다. 이성적 논리를 초월하여 돌연 등장하는 '열반'과

'꽃섬'은 이런 점에서 자연스럽게 해석할 수 있다. '임(열반)=연화=건너꽃'으로 표현되는 해탈의 세계는 세상풍파에 시달리는 화자가 지향하는 현실 초탈의 세계이다. 그런데 '여기'와 '피안'은 강을 사이로 격리되어 있을 뿐만 아니라[7] 피안으로 인도할 배마저 부재하니 끝끝내 도달할 수 없을 것만 같다. 그러나 반드시 가야 할 최후의 공간이다. "누가 알리/내 바다 속 내밀한 속의/그 눈부시게 빛나는/꽃섬들을"(「나의 바다」)에서 확인하는 것처럼 '꽃섬'은 진여의 상태에서 체감하는 환상적인 도취를 구체화한 상징이다. 연꽃이 상징하듯 불교적 상상력을 통한 해탈과 재생의 간절한 염원을 표상한다.[8] 인생은 결국에는 구도의 길이고, 깨달음을 위한 여정 아닌가. 깨달음은 '꽃섬'으로 비유됐으며, 이는 대지와 바다가 맞닿고, 하늘과 바다가 합일하는 공간이 결국은 하나임을 내관(內觀)하는 깨침이기

---

[7] 석초의 물은 '이곳'과 '저곳'을 연결하는 주요 매개체이다. 이는 초기시부터 일관되게 나타났다. '이곳'에서 저곳인 '피안'은 강물로 분리되고 그 둘 사이를 매개하는 것은 '배'라는 매개물이다. 이는 불교에서 '차안/피안', '세속/성', '육체/정신'의 갈등을 형이상학적인 방식으로 극복하는 방식과 긴밀히 연계된다. 초기시 「가야금」, 「춤추는 여신」에서 그 단초가 발견된 바 있다.
[8] 반복되지만 '꽃섬'의 추구는 그의 시의 출발인 1930년대 이래 후기까지 지속된다. 꽃섬은 정신적 가치를 추구하는 가장 긴장적 상징이다. 이미 1946년 간행한 첫 시집 『석초시집』을 통해 그것의 단초를 읽을 수 있었다. "붉은 연꽃은 피어나서/아나한 숭어리를 들었세라//붉게 피어난 연꽃이여!/네가 갈 네안이 어디런가/저리 밝고 빛난 꽃섬들이/욕구하는 입술과도 같이/모두 진주의 포말로 젖어 있지 않은가"(「연꽃」)가 그것이다.

도 하다.

  초기시의 의고적 도피는 밝고 순정한 중기시의 탐미적 사랑으로 변모했으나 그러나 현실에서 봉착하는 여러 난관 탓에 '지는 꽃'의 아픔으로 시화됐다. 이후 죽음을 예견하면서 지상에서의 초월을 달성하여 하늘과 바다가 혼융된 크나큰 우주인 '꽃섬'에 안착했다. 지상에서의 초월은 수직으로서의 하늘과, 수평으로서의 바다를 모두 포괄하는 상징적인 우주인 '꽃섬'을 연출하였던 것이다.

※ 1959년 서울에서 태어났다. 서강대학교 국문과 및 동대학원을 졸업했다. 전공인 현대시를 비롯해 그림과 영화, 사진, 음악 등에 깊은 애정과 관심을 갖고 있다. 문학과 예술을 문화기호학의 관점에서 분석하는 것을 과제로 삼고 글을 발표하고 있다. 저서로『현대시론』,『시와 그림의 황홀경』,『그림의 숲에서 동서양을 읽다』,『탐미의 시대』,『정호승연구』,『신석초연구』,『요절』,『시가 그렇게 왔다』,『문화기호학으로 읽는 문학과 그림』,『에로스와 타나토스』 등이 있다. 현재 청주교육대학교 국어교육과 교수로 재직중이다.

石艸詩集

――――― 乙酉文化社刊行詩集 ―――――

鄭芝溶自選詩集
지용 詩選

金瑢俊裝幀・菊版九〇頁・極上印刷紙使用
定價二〇圓・送料一圓

「지용詩抄」에 對하여 說明함은 오이려 陳腐하다. 여기에는 著者 自身이 二十年의 詩作品中에서「내가 眞實로 남기고싶은作品」만을 嚴選하여 세상에 다시 내는「지용詩」의 決定版。第一詩集「鄭芝溶詩集」第二詩集「白鹿潭」의 精選合本임에 이 巨匠의 詩를 새롭게 吟味하라。

朴木月★趙芝薰
朴斗鎭★三人詩集
靑鹿集

金瑢俊裝幀・菊版一二〇頁・極上印刷紙使用
定價三〇圓・送料二圓

純粹詩에 邁進하는 新銳三人의 力作三十九篇 節操를 지키며 默默 詩作에 精進하다가, 解放과 함께 彗星과 같이 登場하다。特히 未發表 作品을 추여 欽羨, 驚異의 收穫임을 우리는 自信있이 誇示한다。

李相和著
尙火詩集

林和編序・金瑢俊裝幀

近刊

著 者　申應植

發行所　乙酉文化社
　　　　서울鍾路·永保삘딩
　　　　電話光化門三四九二

臨時定價　貳拾五圓

一九四六年六月三十日發行

I

翡翠斷章(一二)

춤추는 女神(一七)
芭 蕉(六四)
滅하지 않는 것(四三)
化 粧(六六)

II

燭 불(一九)
巫女의 춤(四五)
墓(六九)
閨 女(二二)
뱀(四八)
弓 矢(七一)
蓮(二五)
흐려진 달(五一)
泗泚水(七四)
落瓦의 賦(七六)

III

蜜桃를 준다(二八)
伽倻琴(五七)
바라 춤(七九)
蝴 蝶(三一)
伽倻琴 別章(六〇)
最後의 물결ㅅ울(九〇)
돌 팔매(三四)
劒舞娘(六二)

94

目

錄

오오 東方이여!
久遠한 너! 千古의 네가
그만 이대로 滅할수가 있을가?
우리들 가진 優雅와 힘!
오오 바다여! 너!
最後의 물ㅅ결을 쳐 이르키라
이밤 지나 黎明의 빛이 올 때까지……

미친 겨울의 季節이

무덤에서 사나운 바람을 불어오고

차더찬 薔薇의 모개는 시들어서

눈 앞에 바다는 얼고 말르려는도다

數 많은 아리따운 물구비

섬과 섬 珊瑚의 더미

暗礁들――모다 헐벗어서

차마 못 볼 悽慘한 風景을 나타내는도다

그러나 나는 오이려 바란다

最後의 물ㅅ결을

바다는 어지러운 시름에 깨어져
물ㅅ결 치고 배는 沈沒되고
으슴푸레한 하늘 저편쪽으로
불꽃은 떨어지려는도다

註 대아야——梵語, 幻影.

마아라——梵語, 魔王. 마아라는 그말로 하여금 舞踊을 시켜 悉達多를 誘惑하려 한 일이 있다.

묻히리랏다 靑山에 묻히리랏다
靑山이야 變하리 없어라
나는 절로 질 꽃이어라
지새어 듣는 머언 북소래
이제하 난 굳세게 살리라
날 이끄을 흰 百合의 손도 바람도
아무것도 내몸을 꺾으리 없어라……

첫으로 비밀의 굴레를 벗고
뷘 들에 핀 꽃가지 꺾어라
아스리 나는 미쳤어라
나는 짐승이 되었어라
나는 「마아라」의 짐승이 되었어라
내 魂과 몸의 씨앗을 쪼개일
빛난 長劍을 난 잃엇는가
宿命의 우리 안헤 날 진힐
오롯한 자랑을 나는 잃엇는가

젊음은 덧없는 질김을 좇아서
暴虐한 가시ㅅ길을 가노라
탐하는 薔薇의 넌출 우헤
뻗은 강줄을 뉘라 그지리오
어느 뉘라 그지리오

불타는 바다우헤 불타는 바다우헤
난 더저진 쪽달일러라
黃金으로 맨 시위를 당겨
쏘으면 나러도 엘 화살일러라
풀러 배암의 꿈트리는

아아 과일 같은 내 몸의
넘치는 이 欲求를 어찌하리라
익어 두렷한 꽃잎의
深淵 속에 다디단 이슬은 떠돌아서
환장할 누릴꿈을 나는 꾸노나
袈裟 벗어 메고 袈裟 벗어 메고
맨몸에 바라를 치며 춤을 추리라
몸하 맨몸하 푸른 내몸하
가노라 魔의 수풀을 가노라

날 안어라 난 안겨라 그니여

뷔인 殿堂안헤 헛되히

서늘한 金像을 안어라

아아 寂寞한 누리 속에

내 홀로 여는 맘을 어찌하리라

밤으란 달 빠진 시내ㅅ물해

벗어 흰 내몸을 싯어라

桃花떠 눈부신 거울 속에

神도 와서 어릴 거구러진

誘惑의 眞珠를 남하 보리라

숨으어 菩薩이 아니 시이련만

空山 蘿月은 알았으리라

필데도 필데도 없이

나는 우노라 혼자서 우노라

밤들어 푸른 장막 뒤의

偶像은 아으 멋 없는 장승일러라

감으면 꿈ㅅ결 같은 「마아야」는 떠올라라

아득한 蓮花臺에 꿈꾸는

장부의 두루미 목을 난 그리노라

홀목도 흰 百合으로 어리어

내 마음 슬허 어찌 하리랴

묻히리랏다 靑山에 묻히리랏다

靑山이야 變하리 없어라

나는 혼자이로라―― 찔래 엎어진

숲 사이로 豹범이 부러 에우고

재울리 바라ㅅ소리 븬 山을 울려

쟁쟁 우는 山울럼과 밤이면 달 피해 우는

杜鵑이 없으면 나는 혼자이로라

숨으리 장긴 뜰 안헤 숨으리랏다

序　章

묻히리랏다　靑山에　묻히리랏다
靑山이야　變하리 없어라
내몸 언제나 겪이지 않을
無垢한 꽃이언마는
깊은 절 속에 덧없이 시들어지느니
생각하면 갈갈이 찢어지는

黎泉에게 주노라

바라춤

歡樂은 모다 아침이슬과도 같이
덧없어라
———悉達多———

깨진 寶石을 비초이도다

오오, 눈 앞에 헡어진

落葉들이여 榮華의 무덤우에

不可抗力의 쪼각들이여

滅亡하기 쉬운

時間은 물과 같이 흐르고

어대선 누가 斷腸하는 피리를 불도다

슬픈 菊花빛

太陽 아래 (나는 天上의 술을 마시고)

꽃잎과도 같이 흩어져

굴르는 푸른 破片들을 밟고 가도다

西녘 바람은 마른

나무 가지에 깃드리는

적은 새들을 孤獨히 하고

어느덧 달은 이슬에 젖어서

내 발 밑에 悲鳴하는

落瓦의 賦

가을 黃昏에
쓸쓸한 廢墟를 걸어서
나는 혼자 헤매이도다
―― 無限히 열린 蒼空에 물들어서

없는 이 물하
감도는 늪 속에 사라진
스란폭들 그 千 모습이
어쩌타 지금 잎만 지는다
피어도 흰 구름ㅅ장
바라도 머언 모래펄
아아 구비 江물은 그질 길이 없어라

泗沘水

붉은 바위人가 훗날리는
丹楓은 잎ㅅ잎이 매친
옛날 宮女들의 넋이런가

江 위헤 떠 배머움
가노라 자최도 흔적도

그래도 바람이 가는 이사이
빠르고 빛난 움측임이
잠들기 쉬운 내 몸을 깨워도 있으려

오오 활이여 네 나는

黃金의 아름다운 살로써

내가 가진 思念의

渺茫한 구름을 쏘게 하여라

화살이 가서 찌르는

그 관역을 남은 몰라라

아무도 그 秘密한짓은 몰라라

弓矢

반달 같은 활 시위를
당겨 한번 힘껏 쏘으면
휘영찬 하늘에 가 없이
뵈지 않는 波動이 일느니.

네가 산 꾼결같은 세월
너는 바랐으리라
밝은 누리와 滅하지 않는
永遠의 가지와를……
그러나 내 너를 찾어서
지금 내 가슴에 안은것은
한덩이의 차디찬 돌일뿐
오오 무덤이여

墓

무덤이여 무덤이여
묵은 大理石의 밑에
네 자는가 누었는가
너의 美 너의 자랑 너의 特異한
魂은 어데 있는가

내가 내 꾸밈으로써
구태 그대의 欲求를
끄을려함은 아니언만

그래도 난 내모양 꾸미는
그 일에만 팔려서 날마다
거울을 對하지 않을수 없는것을……

化粧

　　다만 不滅하는 소리 있을뿐.

　　　　　　　바레리이

날마다 날마다
孤寂한 거울을 對하여
내 모양 꾸미는
내 심사를 그대는 알어요?

破滅하고 또 存在하는것……
나는 있다——이 孤寂한것의 옆에
오오 퍼덕이는 옛날의 명정이여!

속절 없이 저므는 이사이
彷徨하는 바람은 불어와서
黃金빛 나는 네 가지에다
한숨 묶여 비단의 띠를 흘려라

한숨 쉬는 묵은 芭蕉잎이여!
너는 아는가——現世와 내
머언 因緣이 짓는 어지러운 심사를!

芭 蕉

陸史에게 주노라

黃昏의 쇠잔한 노을이
소리 없이 뜰 우에 나리고
芭蕉가 드린 기인 소매의
態, 잠깐 옛날의 근심을 어리노나

銀장도 두 손에 갈러 들고
건드러지게 돌아가는
몸매 꿈ㅅ결에 흔들려서
袂子 半쯤 날리
자알잘 흔드는 장도
공연히 죽을중도 모르는
魅力의 잎만 떠돌게 하노나

劍舞娘

꽃 송아리 달어
戰笠 검은 머리 우에
빗드름이 숙여뜨리고
늘어진 버들 가지
긴치마 袂子 겻들여 입고

그 옛 푸른 江에 뜬 蘭舟를
타고 그리던 무리들의 짓
사라져서 눈ㅅ질 멀 사이에
떠도는 갈매기의 노래를 불러라
아야、헛되어라 생각은 여울
몰나올 때가 나를 지지르는저……

伽倻琴別章

鄕歌體를 본떠서

열치매 밝은 달 흰 구름을
좇아 떠가는 어디런가
伽倻琴ㅅ줄 울어 흐늑이어
내 思念의 잎도 져서 흘러가거라

구비구비 한숨지는 꽃잎

여울 우에로 배 떠나가라 들어라

내 맘의 줄 흐득여 우는 소리를!

伽倻琴을 타거라 옛 동산도
시름도 푸여진 薔薇꽃도
아밤과 함께 흘러 가는데
너, 구슬픈 白鷗의 노래를 불러라

아아, 덧없어라 시름은!
맘 없는 당두리에 웃음을 싣고
머나먼 나라로 가고말가나

伽倻琴

밤은 깊다 伽倻琴을 타거라
옛동산에 푸른 달은 잠들고
妓女야 어지런 시름에 잠겨
네 눈물로 眞珠의 샘을 적셔라

III

달이여 너는 어데로 갓는가
나는 헤매다 나는 보다
물ㅅ결쳐 움직이는 바다의 그 사나운 양울……

밤이 깊도록 내가 모래ㅅ城에서
다디단 술에 醉하여 있을때
문득 구름이 몰려와서
내 달을 흐리다

아아 내 꿈이 덧없음이런가
바다의 神이 나를 시기하였음이런가
深淵으로 달은 빠지다

흐려진 달

하로ㅅ밤 내가 달을 쫓아서
이름도 모를 머언 바다ㅅ가
모래 우에다 薔薇꽃으로
秘密의 城을 쌓고 있더니

구렝이의 타알

거짓하는 그물의

深淵으로 꿈은 꺼지려든

몸은 슬픈데

넋은 어지러히

빛난 넌출을 감어서

知慧놀음하는 저자로 비를거리다……

애매한 가지!
寢衣로 둘른 질탕한 허리!
푸른 띠 흐르는
妖艶한 피 많은 꿈트리!

迷宮으로 얽는
꿈의 또아리 속에서
넋은 불타는
위태한 彈力을 싸다

몸은 구슬픈

뱀

오오! 붉은 楊貴妃꽃 옆에
魔性의 한 덩어리여!
네 누은 매무새
느물임은 결할수가 없어라

神은 없어도
네 몸은 빛나리
내 맘도 빛나리

꽃장扇에 가린

입술은 神을 부르는데

웃고 도라지는

寶石 같은 그 눈매

오오 巫女야 춤을 추어라

허튼 옷은 벗어라

神 없는 나라로 가자

巫女의 춤

孔雀이 깃
벙거지 제켜 쓰고
巫女야 미칠듯
너는 춤을 추다

불과 같은 나래를 펴고
죽은줄만 여긴 네 부리에
魅惑의 힘은 다시 살아나서
나를 물고 나를 쪼으고
戀愛보다도 오이려 단
懊惱로 나를 또 이끌어 가노나

滅하지 않는 것

恍惚하게도 은밀하게도
내 가슴에 情熱이 타고 남은
寂寞한 재ㅅ무덤 우에
叡智와 數많은 그림자로써
꾸며진 이 灰色의 무덤 우에
「페닉쓰」! 오오, 너는 되살아서

捕捉하기 어려운 姿態!
그는 秘密한 碧桃를 따려
부엿한 黎明의 하늘ㅅ가로 나리도다……

至上한 나래! 오오, 뜬 구름 쪽은
아득한 열ㅅ배를 좇아 가노라
붉은 꽃 가지 꺾어서 던진
虛無의 섬을 찾어 가노라

꽃과 같은 女神이 헤매이도다
한숨지는 밤 동산으로
달은 잠들고 그윽한

그러나 꿈꾸는듯한 이사이
快樂은 사라지고

素白한 보드러운 팔은 서리어

大理石으로 깎은 허리에

愛撫하는 고운 羈絆을 끌으도다

이럴때 時間은 내밀한

宇宙를 이루고

沈默은 다디단 倦怠의 술을 빚도다

어느덧 빛과 그자림 얼크러진

純粹한 眞珠의 바다 떠올라서

帆舟는 碧水의 거울을 건느고

머리는 七寶의 瓶을 기우려

孔雀이 어여쁜 蓮꽃 봉오리를 찍고

紅玉을 물린 고운 입술은

嘆息하는 꽃잎의

달고도 괴로운 숨ㅅ결을

어둠속으로 남몰래 헐으러 놓도다

아아, 넋 끝는 저ㅅ대 소리 들리고

靑春에 늘어진 기인 버들아치!

꿈ㅅ결 같이 움직이는 裸身이
바람에 幻想하는 물을 그리면서——

金剛石에 묻힌 湖水 우에
模糊한 薔薇빛 안개 떠돌아서
(女神은 魅力의 술을 마시고)

제 그림자에 酩酊하는
아리따운 새와도 같이
시름하는 여울로 비틀거리며
虛空의 한 끝을 헤매이도다

춤추는 女神

달은 잠들고 그윽한
한숨지는 밤 동산으로
꼿과 같은 女神이 나려오도다
魅惑하는 꼿 송아리!
꾸며논 寶石의 수풀 속에

바다에
끝 없는 물ㅅ결은
그냥 까마득할뿐

돌알은 잠깐
물 연기를 일고
金빛으로 빛나다
그만 자취도 없이 사라지다

오오, 바다여!
내 화살을
어데다 감추어 버렸나?

돌팔매

바다에 끝 없는
물ㅅ결 우으로
내 돌팔매질을 하다
虛無에 쏘는 화살셈 치고서

꿈ㅅ결 같은 질거움
사라질 이슬 우에
醉함은 네 삶의 光輝일러라

주검도 잇고

향기에人 毒酒에 醉하여

꽃잎 우에 네 넋의

情熱이 끝나려함이

붉으나 쉬이

시들어질 꽃잎의 헛됨을

네가 안다 하드라도

蝴 蝶

蝴蝶이여! 언제나
네가 꽃을 탐내어
붉어 탈듯한
花園을 헤메느니

있는듯 마는듯
이 菓肉의 이슬이 사러지는 동안
붉어서 굳은 黃金 씨알이
네가 가진 靈魂의 밀우를 꿈꾸게 하노나

그래도 제 몸 숨김일래
엷은 비단의 잔털로 싸어서
乳房의 붉은 은밀한 끝이
애써 지난 날의 근심을 깨우려나

오오, 姮娥한 女人이여!
魅惑으로서만 감춘 단 이슬로
半쯤 벌어져서 풋잎과도 같은
네 입술을 물들게 하여라

蜜桃를 준다

P에게—

익어 터지려는 이 蜜桃열매!
오오랜 熱볕이 와서 어린
嬌娥의 담을 반에 놓아서
네 아담한 웃음에 주거니.

오오 내뉘 오려마——우리
「닝페」가 숨은 이뜰을 걸어서
蓮잎 우에 오래고 줍거려운
아침의 이슬을 기르리

붉게 피어난 蓮꽃이여!

네가 갈 「네안」이 어디런가

저리 밝고 빛난 꽃섬들이

欲求하는 입술과도 같이

모다 眞珠의 泡沫로 젖여있지 않은가

또 깊은 거울엔 고요가 기뜰이고

고요에 잠든 葉舟는 저마다

紅寶石을 실어서 옛날 王女가 버린

黃金 첩지를 생각하게 하노나

蓮

내가 옛 동산을 거니다니
깊은 못속에 푸른 이끼 끼어어리고
붉은 蓮꽃은 피어나서
婀娜한 숭어리를 들엇세라

네 몸은 익어 타는듯 하여도
네 魂은 깊은 뜰 속에 있어서
黎明이 가져오는 숲들을 헤매게 하노나

깊고 그윽하고 犯할수 없이
無垢한 寺院 속으로 너는 지니리라
永遠의 달 푸른 모이와
스란 속에 네 아리따운 열매를……

오오, 閨女! 감초인 玉石!
後園에 핀 蘭꽃 한멜기여!
네 숨을은 탄하기 어려워라

閨女

네가 秘密한 장막 드리우고
꽃과 같은 閨房 속에서
내 女人이여! 너는 네 가슴에다
어떠한 虛無의 심사를 그리는가

그래도 섭게 꺼지든 말아라

네가 타는 동안

내가슴은 빛나 있었노라

오오, 내 곁에 타는 燭불아
네가 내심사 알리야……
어이 휘황한 불꽃으로
그다지 저를 닮게 하는가
萬若 네가 잠 못 이루는
나를 爲해 꿀 같은
눈물을 가져온다 하드라도

燭 불

내 侍女 나의 燭불이
자기 어련 밤 외로히
내 뷔인 房 안에
내 마음 결에 타도다

I

흘어지는 부엿한 구름 떠돌아서
蒼天은 흐득이는 黎明의 거울을 거노나
아아 懊惱를 알은 나!
永劫을 찾는 나!
秘密한 瑠璃 속에 떠서 흔들리는 나여! 너를 불러라!
빛과 흠절의 수풀 우에
寶石이여! 나여! 精神이여!
滅하지 않는 네 밝음의 근원을 찾어라……

어쩔까나!?

翡翠! 나의 亂心을……
내가 이 廢園에 거니고 또
떠나는 내 마음의 넌출을
人間의 얼크러진 길로 알고서
孤獨한 靑玉에 몸을 떨며
詩琴의 슬픈 노래를 부를까나!

翡翠! 오오 翡翠! 無垢한
네 本來의 光耀야 부러워라
저어 深山 푸른 시내ㅅ가에

限 없는 愛撫 속에도 오이려
不滅하는 純粹한 빛을 던진다

나는 꿈꾸는 裸身을 안고
數 많은 虛無의 欲求를 사루면서
혼자서 힐린 뜰을 나리려 한다
저곳에 시들은 蘭꽃 한떨기!
또, 저곳엔 石階우에 꿈결 같이
떠오르는 永遠한 處女의 자태!

아아 그윽한 잠 잔잔한

燭불 옆에 잠 못 이루는

女人의 희고 느린 목덜미!

단장한 머리는 풀어져서

벼개에 흐르는 달 그림자

非情無爲한 꽃잎을 비쳐라

翡翠! 내 轉身의 절 안에

산란한 時間의 발자취

茶毘의 낡은 흔적이 어릴제

너는 魅惑하는 손에 이끌리어

슬픈 이 寂寞 속을 거니를제
저어 깊은 들을 비취이는
달빛조차 흐리기도 하여라

푸른 기와ㅅ장 흩어진 내 옛뜰에
無心한 모란꽃만 피여지고
翡翠! 너는 破滅에 굴러서
蒼白히 벗은 몸을 빛내며
熹微한 때의 안개 속으로
사라지는 별ㅅ살을 줏는다

翡翠斷章

　너, 自己를 알으라……

翡翠! 寶石인 너! 노리개인 너!
아마도 네 永遠히 잊지 않을
榮華를 꿈꾸었으련만
내가 어지러운 懊惱를 안고

I

이 詩集은 내가 西紀 一千九百三十三年으로부터 三十八年까지에 쓴 것이다.

爾來 나는 詩를 쓰지 않았다.

至今 이 옛 詩를 묶아 親愛하는 愚虎 趙豐衍兄에게 주노라.

丙戌 暮春

為無為　事無事　味無味

老子

装帧　金瑢焌

石卿詩集

乙酉文化社版

石州詩集